अन्त की कुछ और कविताएँ

अन्त की कुछ और कविताएँ

तेजी ग्रोवर

वाणी प्रकाशन

वाणी प्रकाशन
4695, 21-ए, दरियागंज, नयी दिल्ली 110 002
शाखा
अशोक राजपथ, पटना 800 004
फ़ोन : +91 11 23273167 फ़ैक्स : +91 11 23275710
www.vaniprakashan.in
vaniprakashan@gmail.com

ANT KI KUCHH AUR KAVITAYEN
by Teji Grover

ISBN : 81-7055-446-3
Ghazals

आवरण पर चित्र : 'दरार'—
नॉर्विजियन कलाकार मरियाने मॉनसोकर की टेपेस्ट्री
पीछे के चित्र : हरजीत सिंह

प्रथम संस्करण : 2000
मूल्य : ₹ 100

शुभम् ऑफसेट, शाहदरा, दिल्ली-110032 में मुद्रित
वाणी प्रकाशन का लोगो मक़बूल फ़िदा हुसेन की कूची से

रुस्तम की
'Weeping' For Udayan Vajpeyi
के लिए

I must avoid writing earth in my poems.

—Miranhshah

अनुक्रम

बात यह नहीं है कि कहीं भी मन नहीं लगता, कहीं भी जड़ महसूस नहीं होती, कहीं भी अकेलापन साथ नहीं छोड़ता। बात ठीक इससे उलट है। हर जगह मन लगता है। हर जगह जड़ महसूस होती है। हर जगह सान्निध्य है, स्नेह है, साथ है। आत्मीयता से भरे हुए नक्षत्र पर किससे कहूँ कि ऐसा है… कौन मेरी बात का विश्वास करेगा ?

...हो सकता है
यह सिर्फ़ लिखा जी जा रहा हो

एक छीम्बी की तरह बादल जहाँ नींद का वन है

चींटियाँ
रोटी छोड़
चींटी का शव ढोती हैं

कहने की कोशिश में थकती है वह
स्वप्न की मेज़ से उठकर

इस कदर काँपते हैं हाथ
कि हो सकता है

यह सिर्फ़ लिखा ही जा रहा हो

शिक्षिकाएँ

कभी-कभी वे नहीं भी ढूँढ़ पातीं घर शुरू करने की जगह, फिर भी एक तिनका चोंच में दबाये ही वे ढूँढ़ना शुरू करती हैं।

●

पर्दा हिलता है तो फ़र्श पर तिनके-ही-तिनके फैल जाते हैं। मेरे घर की बेघरी में मेरे लिए क्या संकेत हैं ?

●

वे मेरी छत पे पड़े झाड़ू से धीरे-धीरे अपना घर तोड़कर लाती हैं। मेरे ही सामने मेरे घर के अर्थ का अभ्यास करती हैं।

टमाटर के पत्ते यूँ अगिया-पिछिया के जाल बनायेंगे कि डोली का भ्रम होगा। कोई भी बैठ सकता है क्यारी में कमरा डाले। वह यही बता रहा था सपने में कि ऐसे हम लोग चाहें तो बच सकते हैं। वैसे तो मेले की तरह ही बरतो मेरे चूल्हे-चौके को। उठ सकता है दो-एक दिन में और इसमें रोने की भला क्या बात है। पुरानी लकड़ी और लोहे के झूलों की चरमराहट तो रहेगी। कोई चाहे तो इस ध्वनि के सहारे दृश्य बदल सकता है।

पार्क में अकेला खड़ा लोहे की तारों का बना एक ख़ाली हाथी है। बस चार पत्ते हैं उसकी देह पर जो उसके पाँव के रस्ते ऊपर चढ़ रहे हैं। यही एक दृश्य है जो मेरे अजन्मे शिशुओं की तरह मेरे पीछे-पीछे घूमता रहता है। मेरी हर बात में उस पर चढ़ते चार पत्ते हिला करते हैं। अलावा इसके, उसकी ख़ाली देह से तार-तार हुआ बेहद नीला आसमान है। बस यही आसमान मुझे आसमान लगता है और तो बिलकुल भी नहीं। जो परिन्दे इस आसमान की तारों के भीतर उड़ पाते हैं, वही परिन्दे लगते हैं, और तो बिलकुल भी नहीं।

नीले आसमान की ओर लग़ातार देखते रहने से भी अधैर्य का रंग अभी गया नहीं है। कुछ समय के लिए उसमें आसमान का रंग उतर आया है और इस तरह जलहीन एक लहर की सतह में ही मन की डूब हो गयी है। सतह 'पर' भी कहा जा सकता है हालाँकि 'पर' को डूबने के लिए कभी पर्याप्त नहीं माना गया है।

वह गर्दन जो साँझ के मोर में इस क़दर नीली है–नीले के नाम से कुछ भी नीला नहीं है। मैं जितना डरती हूँ अकेले में नीचे पानी तक उतरने में उतना ही नीला है आकाश। वह नीली रेत में मुझे सुलाता है, नीले पानी के पास जो कभी नीला था। मैंने अभी ठीक से रोना शुरू नहीं किया जैसे शिशु सिर्फ़ अपने लिए ? वे हमेशा मोर हैं साँझ की दीवार से नींद के दरख़्त ताकते हुए जो इस समय मेरे सामने अक्स की तरह विशुद्ध हैं। और यह सच है कि मुझे और कुछ भी दिखायी नहीं देता।

यह पीला उम्र में बड़ा है, मुझसे पहले शान्त नहीं होगा। यह पीला अक्स है पत्तियों की नीली शिराओं में। यह पीला तुम्हारे भ्रम का समय है, पीले मोरों के आहार का। वह पीली दिखती है खिड़की में काली ज़मीन पर पीली घास की तरह चलती हुई। तितलियाँ नहीं जानती वे इतनी हैं और पीली हैं सुबह की धूप में।

फिर वे पीले में जाने लगे जो हरे में थे, कुछ-कुछ अब भी हरे में और अभी से पीले में जाने लगे थे। जैसे यह सिर्फ़ हवा का होना हो जबकि सुबह की धूप में रात का चन्द्रमा छिलके की तरह उजला हो आकाश में। मनुष्य का रोना सुनते थक गये थे, सरकण्डे आवाज़ करने लगे थे झील की किनार पर।

उनके वस्त्रों का रंग देखकर भी रंग का नाम याद नहीं आता था।

मन में गार्सिया मार्क़ेज़ की असंख्य पीली तितलियाँ अब नहीं हैं। मार्क़ेज़ में भी मार्क़ेज़ की पीली तितलियाँ अब नहीं हैं। अब एक ही तितली है। यहीं, इस सूनी सड़क पर उगी इस झाड़ी का रस चूसती हुई। एक ही काँटे में इस समय सारा-का-सारा रस भरा हुआ है। एक ही बिम्ब से सटकर मेरा घर अब चैन से सोने लगा है।

पीली तितलियाँ नहीं पीली गिलहरियाँ उसने कहा। वे उसे दरख़्त के तने की तरह चढ़ती हैं जिन्हें वह पीली गिलहरियाँ कहता है ?

कोसाम्बी के कवि उदयन के लिए

वासवदत्ता—एक

अफ़्सुर्दगी। अवसाद। साँझ। चन्द्रमा।

अभी यह डूबता हुआ सूरज एक-एक करके इन्हें बोल देगा। मुझे हर शाम कविता की कोशिश नहीं करनी चाहिए। वह मुझे याद दिलाता है कि कभी-कभी दो किनारे साफ़-साफ़ दिखा सकती हो, लेकिन बीच की नदी दिखायी नहीं देगी। पानी की जगह वह ख़ुद दिखायी देगा। वह सिर्फ़ मेरे लिए दिखायी देगा पानी की जगह। मैं दो धागे पहनकर उसमें तैर सकती हूँ। वह शाम को भी डूबने से इन्कार कर देगा। मैं भीगती हूँ सूर्यास्त की लाल नदी में। बहुत अकेलापन चाहिए होता है मुझे।

इमली के पेड़ों के नीचे से सरसराती हुई एक ध्वनि को मैं अपनी देह का चिथड़ा पहनाने की कोशिश करती हूँ—वासवदत्ता!

वासवदत्ता–दो

पर्दे को चीरकर देखती है वह तो कोई नहीं है। वीणा से चादर में हुई सल तक कक्ष में नहीं है। शाम रोज़ की तरह उसके केशों को अवसाद की झील में खींच रही है। उससे ज़रूर कोई सुर ग़लत लग गया होगा। उसकी साधना में ज़रूर धूल का एक कण रह गया होगा। वह अग्नि में हुई अपनी क़िस्सा-मृत्यु के रंग को अपनी त्वचा से छुड़ाने की कोशिश करती है। वह झूठमूठ की अन्धी आँख में से सचमुच की अन्धी आँख उधेड़ निकालती है। हवा जितनी किसी प्रिय से ख़ाली हो सकती है, उतनी है।

वह इमलियों के नीचे की हवा को अपने सफ़ेद लबादे से चीरती हुई मेरी मेज़ की ओर भागती है। मेरे समयों की ओर। उसके लबादे पर उसकी बिनाई का खून है। मैं मच्छरों की आँधी में बैठी आधी रात में अपने जन्म की तिथि में अस्त होने को हूँ। कोसाम्बी के ऊपर का चन्द्रमा कोसाम्बी को ताम्बे की बरसात के चित्र में बदल देता है।

मेरे सियाह उसके श्वेत साए पर पसीने की लाल बूँदों की गन्ध में, हम दोनों के बीच की मेज़ डूबती है।

रू आखिरकार मार्ग्रीत का उपन्यास लेकर बैठा है। आम में बौर आते हैं। दाँतों में बारीक सुतली के गुंजल उठाए फाटक पर गिलहरी दौड़ती है। जामफल के झाड़ पर एक भी जाम नहीं रहता। लंगूरों की मादाएँ बिना रोएँ के शिशु उठाए पतली शाखाओं से झूलती हैं। गुल्हड़ के सुर्ख फूल चबाते हैं शिशु लंगूर।

और फिर मोर। उनके पंख-ही-पंख, शिशु पंख से शोख़ पंख के बीच के सारे पंखों की बारिश सुबह और शाम। हरसिंगार के आसपास पंख बीनते हुए गन्धाते मनुष्य बच्चे।

रू मार्ग्रीत का उपन्यास लिये पीले फूलों से लद उठने वाले दरख़्त के नीचे। सिर्फ़ उसी कोने से सिग्रेट का धुआँ कभी-कभी उठता है।

बकरियाँ चराती प्राचीन औरत सुबह क़रीब ग्यारह बजे दृश्य में दाख़िल होती है। कभी-कभी चाय पीती है। बकरियों के लिए छिलके रसोई में से निकलकर बाहर आते हैं।

इस बाग़ीचे में फ़रवरी के बीच के दिन हैं। इस वन में। रू धूप के साथ-साथ बैठने की जगह बदलता है। उमा नाश्ते और कहानी के लिए जब भी आ सकती है। वह उमा का नाम पहचानने लगी है। उसे हमेशा भूख लगी होती है। उसकी टाँगें बीच-बीच में काँपती हैं। हवा हल्की नीली है। पत्ते सरसराते हैं। एक दरख़्त फिर भी खड़खड़ाता है। कभी-कभी लंगूर की छलाँग से एक डगार टूट गिरती है। उमा अपने घर से तसला लिये आती है, फाटक के बाहर गोबर का एक ढेर उठाने। उमा के नन्हें,

सूखे हाथ।

उमा हमारे जाने को लेकर उदास होने का अभिनय करती है।

समय का एक गुम्बद है उज्जयिनी का यह वन। अन्त के दिन हैं। अन्त के दिन फ़रवरी के बीच के दिनों में दाख़िल होते हैं। बकरियाँ चराती हुई प्राचीन औरत कहती है उसका आदमी उसे भरी नद्दी में छोड़ गया है। अन्त के दिनों में यह औरत हमें दिखने लगी है। गुल्हड़ के सुर्ख़ फूल भी। इन फूलों के नीचे दिन में एक कवि भी इस वन में बैठता है। वह अकेले में पढ़ते हुए ज़ोर से हँसता है फूलों के नीचे। दीवार फलाँग कर इस वनैले बागीचे में बोगेनविलिया के घनेरे गुच्छे झूलते हैं। फुलचुकियाँ मख़मली नीली गर्दन धूप को दिखातीं फूलों का रस लेती हैं।

रू मार्ग्रीत के उपन्यास की ओर, और उसके भीतर से धीमी गति से गुज़रते हुए कुछ नोट्स लेता है। गुल्हड़ के फूलों के नीचे बैठा कवि कहता है आप दोनों के जाने के बाद की यह जगह...।

घूमने जाते हैं तो क्षिप्रा के वन में हमें बबूल के पेड़ दिखते हैं, उमा को गोबर के तीन छोटे ढेर।

अन्त के दिनों में इस जगह से कम फ़ासलों की कई यात्राओं के बाद हम बार-बार लौटकर देख रहे हैं।

और उस ज़मीन पर उनकी कविताएँ सुने बिना ही मैं ख़त्म हुई। मेरे ऊपर उड़ती हुई चीलों की आँखों में भूख बन चुकी थी। उस समय तक भी सिवा महुआ के, किसी फूल की गन्ध मेरी नहीं हुई थी। उनकी कविताएँ चीलों से पहले ही मेरी नाभि में प्रविष्ट हो रही थीं। ज़मीन अब उठ रही थी थककर। उसे भी कहीं चले जाना था, बेशक। मैं चीलों के आकाश से ही उसे देख रही थी जो थकान में अपने उठकर चले जाने का अटूट संकेत अब भी मुझे दिए चली जा रही थी। एक बार फिर, थोड़ा पलटकर मैंने उसे देखा। विदा में सरकती हुई उसकी सतह पर एक नाभि के भीतर उनकी कविताएँ अब जुगनुओं की तरह मुझे वापिस बुला रही थीं।

पन्ने के उस ओर कुछ भी लिख सकते थे। इस ओर के वाक्य कुछ मैले थे। वे फिर भी बैठे रहे, जैसे चाय बनने में अभी देर हो।

सुपारियाँ कुतरकर वे उठ चुके थे ढेरी के पास से। खजूर के छत्र-पत्तों की छायाएँ ज़रा सर्द थीं। नदी की बाढ़ में से सुबह का सूर्य निश्चिन्त निकल रहा था।

उठने से उनकी देह की पीली पत्तिया की बारिश तेज़ हो रही थी। उनके पन्नों पर उभर रहे वाक्यों में पानी था।

वे नम उँगलियों से आँखें छूकर देखते रहते थे।

वे एक बुरे ख़्वाब की तरह हमारे घर आये थे, उस समय हमारी आँखें नम थीं। हम बीजों को कहीं रखकर भूल गये थे। पोटली का मैला कपड़ा सामने था। उनसे जो उगना था हमारा नया घर होता। हम अपने घर में बुरे ख़्वाब की तरह रह रहे थे। उस कवि को भूल गये थे। कविता के अन्दर जो पुल उसे मिलते उन्हें गिराकर वह पार करता। हमारे हाथों में टूटे हुए पुल-ही-पुल थे, कवि का नाम नहीं था। कविता नहीं थी, और किसी को मालूम नहीं हम हर समय एक या दो आँसू कोरों पर धरे क्यों अपने घर में रहते थे।

और लग़ातार क्यों कागज़ की आवाज़ से घर भरा-भरा रहा करता था।

मैंने देखा शव शब्द से वे ख़ौफ नहीं खाते थे। ख़ून शब्द से उनके पन्नों में कई वाक्य भीगे हुए थे। अन्तिम पंक्तियों के ऊपर उनके गिद्ध घूमते थे आकाश में।

मरकर भी उनकी प्रेमिकाएँ आईना देखने आती थीं। उनके अक़्सों पर वे धूल में धूल शब्द ही लिख पाते थे।

बच्चों को उन्हीं उँगलियों से खाना खिलाते थे।

चाय में दरख़्तों के अक़्स थे, जिन्हें पीकर हमें उठना था। इस बिम्ब से भागकर हम कहीं नहीं गये उस सुबह, यात्राएँ बैठ गयीं थीं। प्याली पर हरे फूलों के चित्र वही थे जो स्मृति की प्याली पर थे। किनार पर एक बन्द आँख लगाये हम चाय में अक़्सों की साँय-साँय सुनते थे।

फुलचुकियों से लदी टहनियों के बीच कुछ देर शमशेर का एक शब्द था। हम पढ़े हुए नहीं थे—हवा में हिलती छैनियाँ सुबह के धैर्य को तोड़ती थीं।

विदा में चार गद्य-दृश्यगीत

(बेटू के लिए)

एक

हर जगह ज़मीन की बर्फ़ पर टूटे हुए तारों के जिस्म-ही-जिस्म सोये हैं। कोई नहीं कह सकता कि ये टूटे हुए तारों के जिस्म हैं।

उनके बेटे की बात हर किसी ने उनसे ऐसे की जैसे मृत्यु ही न हुई हो। रातें उनकी आँखों में अब सोने नहीं आतीं और पत्नी उसी मिट्टी से फूलदान बनाने लगी हैं जिससे कहते हैं कि उनका बेटा बना हुआ था।

इक्कीस बरस उसमें बन चुके थे, जब वह गया, जैसे इक्कीस टेसू के फूल। इक्कीस फूलों के रंग से बर्फ़ पर कोई खेलकर गया है।

वह आती है और चुपचाप लोहे के सन्दूक में से अपनी युवा उँगलियों से उसकी सितारों वाली टोपी उठा लेती है। उसे इस कमरे में बिलकुल नहीं रोना है।

दो

वह अपने दो-एक बालों को हल्के से खींचती हुई उसी कक्ष में उपस्थित है जहाँ लोहे का सन्दूक है।

वह उसके ऊनी कपड़ों को फिर एक बार छूकर देखती है, देह के अभाव में।

पर्णम्-नर…अप्राप्त देह के लिए शब्द-कोष में मिली हुई ध्वनि को बुदबुदाना उसके स्वभाव में नहीं है।

उसे पता है असम्भव शब्द को बुदबुदाने से कुछ धीरज मिल सकता है, लेकिन यह भी उसके स्वभाव में नहीं है।

वह अपनी देह के सम्पूर्ण सौन्दर्य के साथ लोहे के सन्दूक के सामने बैठी है।

तीन

उनकी आँखें आँसुओं का घर हैं।

फिर भी वे इसी कक्ष में किसी बात पर खिलखिलाकर हँस पड़ी हैं।

उन्हें लोहे के सन्दूक में उसके ऊनी कपड़ों के साथ नीम के पत्ते रख उसे बन्द करना है।

इस साल भी वे इसे ठीक वैसे ही करेंगी जैसे अब तक।

कुछ कपड़े वे मृत्यु को भी तहाने के लिए देंगी जो उनके घर आयी है। जैसे किसी बच्ची को झूठमूठ का काम सौंप रही हों।

चार

हमने उस कक्ष का एकान्त भंग करने के सिवा वहाँ कुछ भी नहीं किया।

हम तब भी वहाँ बने रहे जब कक्ष छोड़ने से पहले वह अपने जिस्म की पूरी कशिश के साथ वहाँ उपस्थित थी।

तब भी जब वे पृथ्वी का अब टूट चला धैर्य लिये नीम के पत्ते रख रही थीं जैसे वे अब सिर्फ़ उन कपड़ों की माँ हों।

उन ऊनी कपड़ों के साथ नायिका की वह मुलाक़ात शायद अन्तिम थी। उस सन्दूक में से सिर्फ़ एक सितारों वाली टोपी उठाकर उसे वहाँ से चली जाना था। उसे विदा करने के बाद वे सन्दूक को उस कक्ष से उठा देने वाली थीं।

उस समय हमारा उस कक्ष में होना सुर में नहीं था।

वे नीम रखकर उन कपड़ों को किन कीड़ों से बचा रही थीं हमें नहीं मालूम, लेकिन उस समय हमारा उस कक्ष में होना क़तई सुर में नहीं था।

उज्जयिनी के कवि के लिए

भर्तृहरि की गुफ़ा
(आर्लीन और शैलेन्द्र के लिए)

उस दिन
शहर को फूलों से जलाया गया

हम खाना साथ लेते गये थे
और उसे अमरूद की गन्ध से जो घृणा थी, हमें रास आ रही थी
वह घुटने में थकान भरे घोड़े को गाजर खिलाने की बात भर
करती रही
शनि के काले बुत के सामने कैमरा धूप में नाच उठा था
एक मुँडे हुए पीपल में नटराज की टहनियाँ दिख गयीं थी मुझे

एक बच्ची भी थी
कुछ नहीं खाने की उस दिन उसकी बारी थी
और उसका बेहद कवि पिता
जो गुफ़ा के बाहर मट्ठा पीते हुए हँस रहा था

इस पन्ने की पहली दो पंक्तियाँ
इस गुफ़ा की कहानी पढ़ने में हुई उसकी चूक से बनी हैं

उस दिन
शहर को फूलों से जलाया गया

उनतीस

वे उनतीस की उनतीस पतंगे मेरी हैं
भिक्षुणियों के अहाते में सरसराती हुई वे मेरी ही हैं
मुझे ही उनके मेरी होने का पता है

पीली पूँछ और
बैंजनी आँखों वाली सबसे शोख़
विस्मृति की पतंग है

यह उड़ती है
तो मेरे मृतक विलाप के समय उठते नहीं हैं
बस अहाते में खुली हुई आँखें बैंजनी हैं
और मैं शुक्रगुज़ार हूँ कि वे मेरी हैं

उन्नाबी पतंग
जिसकी डण्डियाँ चाँदी में मढ़ी हुई हैं
मेरी माँ की अनिद्रा
और उसकी बुड़बुड़ाहट की पतंग है

वह उड़ती है
तो मेरा अपराधबोध आसमान को छूता है
मेरी यात्राओं पर लगा हुआ ग्रहण उन्नाबी है
मेरा है, मुझसे ही डोर सरक जाती है, मेरी माँ

तुम्हारे जाने के बाद ही घर लौटा जा सकता है

एक अधूरी पाण्डुलिपि की पतंग
पिता की लिखी हुई
दीमक की आँत से मेरे पास आयी है

यह उड़ती है
तो शब्द मुझ पर गिरते हैं
बहुत फटी एक बोरी में भरने होते हैं मुझे

पात्रता नहीं है
और उनतीस की उनतीस वे मेरी ही हैं
नीले पानियों की श्वास नली तक से मेरे अनगढ़
प्रेमों को खींच लाती हुईं

उड़ते-उड़ते वे भिक्षुणियों के अहाते में ढेर हो गयी हैं

मठ खाली कर दिया गया है
किवाड़ पर सदियों पुराने ताले हैं
भिक्षुणियाँ एक बार फिर सिर मुँडवाने गयी हैं

मेरी उनतीस की उनतीस पतंगें
एक बार फिर सृष्टि से बाहर हो गयी हैं

अक्स कविताएं

पानी में
एक मोरपंख गिरता है
चाँद के अक़्स पर

•

ठीक है
अक्स ही सही
पानी में तुम जितने हो
उतनाा तो काँप ही सकती हूँ

•

मैंने अक्स को छुआ
पृथ्वी सरक गयी
ईश्वर की त्वचा से छाया हटाती हुई

यह तरस की सुपात्र देह का दिन है

थकता है कोई कवि
कवि कवि कहलाता हुआ

•

ठीक है
दूर के पक्षी हैं तुम्हारी कविताएँ

मेरी हथेली पर भी हवा के दाने हैं उनके लिए

मैं पीठ किए सोयी रही
कितना ख़फीफ़ था उनका कुतरना मेरी पीठ को
कितनी सारी रही होंगी वो मछलियाँ
कितनी अँगूठियों को उदरस्थ किये मुझ पर टूट पड़ी होंगी

नान्नी मोरेत्ती की फ़िल्में

एक

पर्दे के नीचे अनुवाद नहीं था और समुद्र के गाँव से आयी हुईं मछलियों के चित्र बहुत उजले थे। कई लोग घड़ियाँ पहने किसी दूसरे पर्दे पर दिख रहे थे। हमें देर हो रही थी और उचक कर हम वही समय देखने लगे जो उनकी बाँहों पर था।

उन्होंने कहा नाटक के बाद वे मेक-अप उतारकर दर्शकों से बात करने नीचे आयेंगे। उन्होंने पूरे पर्दे को खेल से रंग डाला था। फिर भी वे उदास थे और उनके दर्शक समय से पहले ही ओझल हो गये थे।

वे हमारे सामने थे पर्दे पर और यों कि दृश्य-दर-दृश्य उन्हें किसी और तक जस का तस पहुँचाना ज़रूरी था।

वे हमारे साथ थे और शब्दों को छूते हुए चल नहीं पा रहे थे।

दो

वे बिम्बों के थकाये हुए कवि हैं। एक और दूसरे के बीच के पुल उन्हें चलने नहीं देते। वे टूट सकते हैं। वे बेसुरे गीत छेड़ सकते हैं। वे ग़लत लहर में कंकर फेंक सकते हैं। वे शाम से पहले ही घर की ओर मुड़ सकते हैं।

उनकी त्वचा का काँच तिड़कने को है। उनके आसमान की चीलें मिट्टी की चीले हैं। उन्हें मालूम नहीं हो रहा समय ज़्यादा हो गया है। चाहें, तो गिर सकते हैं।

तीन

पर्दे पर टेलीफ़ोन को थामे उनका रोना पर्दे बदलता है।

दूर की आवाज़ नहीं आती और वे भी पीठ घुमाये ही रोते हैं, फिर फ़र्श पर झूल जाते हैं।

बार-बार उन्हें उठा कर कोई पानी के आयताकार में पटक देता है। उनके औंधे सिर को डुबोए हंसता है।

वे पिता की मेज़ पर गेन्द का टप्पा डालते हुए बहन के कमरे की ओर मुड़ते हैं।

एक से दूसरे कमरे में जाते हुए उनके बाल हमेशा लम्बे ही होते हैं। हमेशा वे पर्दा चीरकर हमारी ओर आते हमें दिखते हैं।

चार

उनका गुस्सा पर्दे से बड़ा है। हम उनके सम्मुख लोहे के ज़र्रों की तरह मिक़्नातीस की रोशनी में धरे हैं। उनका चेहरा कमीनगी और ईश्वर के घोल से बना है। वे भी सुबह उठकर अपने बच्चे से मर जाने को कहते हैं। उनके मन में भी सुबह उठते ही पैसों का हिसाब होता है।

हम अँधेरे को चीरकर पर्दे में चले जाना चाहते हैं।

पाँच

सुबह आईने में ओठों पर झाग थी और वे पर्दे पर फिर यकायक हमारे सामने आईने में। आने को वे जब भी आ सकते थे। हमारी ज़बान में देह और गाँव के लिए एक ही शब्द था।

वह गेन्द का बिम्ब था जो वे पिता की मेज़ पर सिर्फ़ एक टप्पा डालते हुए हमें दिखाते थे। हमें खौफ़ आने लगा था कि ज़रा सी बात में वे हमारा पूरा घर पिघला सकते थे।

फिर वह गेन्द ही का बिम्ब था जो गिरजाघर से विदा लेते समय वे लोगों के सामने बोल गये थे। फ़ुटपाथ पर माँ के आगे-पीछे टप्पे डालते वे हाथ नहीं आते थे।

अपने सफ़ेद चोगे के पीछे अपने देश का हरा वे सिर्फ़ हमारे लिए तैराते थे।

फिर माँ नहीं थी और इतने हल्के रंग की सुबकियाँ हमने कहीं नहीं देखी थीं।

अन्त की कुछ और कविताएँ

सच है, मैंने कहा, अब नहीं,
या फिर मुझे ठीक से पता नहीं है

मैं थक गयी हूँ चट्टान पर सोयी हुई जहाँ
चिड़िया की परछाईं ढलान से
नीचे उड़ती है

दूब में कुछ दब-सी गयी है ओस की मायावी धूप—
टापों से बौराई इस घाटी में
पानी का सच्चा भ्रम है

•

कहीं ऐसा तो नहीं है
पलाश बहुत हो लिये अब पलाश जो सुर्ख़ पलाश होने के बिम्ब
हैं कागज़ में

बकरियाँ पानी की ओर उड़ती हैं जो नाम का पानी है
प्रेयसियाँ सच में ढह रही हैं प्रेयसियों के स्वाँग में—
और यह जो हिनहिनाहट है पशुओं के प्रेत हैं
जो अब भी ढोये जा रहे हैं
प्रेम के प्रेत इस चित्र में, यह चित्र भी चित्र ही है
कौन कह सकता है

•

इस क़दर घायल हो गये थे कभी जो अंग थे हमारी बाँहों के
वेणियाँ हया से टूटकर सरक जाती थीं
बीज जो कभी बीज थे कभी-कभी उठ जाया करते थे घास के
प्राचीन में
उस मोह की तरह मौन गये थे
जिसका घर अब नहीं के शब्द में दिखता था हमें पानी की जगह

प्यास अब भी लगने लगती थी जैसे प्राण अभी बाकी हों

•

वह सवार था, वह श्वेत बर्फ़ के घोड़े पर, वही नील के रंग का प्रेत
प्रेम की तरह वह अब भी ठीक उसी तरह
गिर सकता था

सच है, मैंने कहा, अब नहीं, या फिर मुझे ठीक से
पता नहीं है

•

मैं नहीं थकता हूँ, वह कहता है, या फिर कहता था, वहीं जहाँ साँझ
अब पत्थरों में सरक आयी है।

एक ही साँस में खिंच गयी हैं पीली शुआएँ पहाड़ की ओट में।

अभी उफ़क की लकीर सुर्ख़ हुई जायेगी, अभी अपने सियाह पंख
लगाये वे पक्षी भी तैर आयेंगे दृश्य में।
वह खाट अब झूल गयी है जिसमें वह कभी लेटा था।

•

सच में उड़ रही थी राख ही राख का रंग था सच में
इसी बीच एक नेवला गया था और हम भूल गये थे शकुन दाएँ
से बाएँ का था या बाएँ से दाएँ का

फिर मैंने कहा था, या कह रही हूँ, या तुमसे मिलने पर कहने के स्वप्न में तुमसे कहती हूँ–

कौओ न होते यहाँ तो किससे पूछ सकती थी मैं, किससे कह
सकते थे तुम।

वे अदाकार हैं, वे साँझ में बुझे हुए पत्थर, वे सियाह पंख लगाये उफ़क की लकीर पर, वे पक्षी।

सिर्फ़ हमें ही भ्रम है कि हम सच हैं, यह दुख हमारा, यह हमारा ही दुख है।

अन्त की कुछ और कविताएँ–एक

कुछ भी कहने से अब हर कहने में मनुष्य ही जन्म लेता है और कुछ भी नहीं। इस तरह अब यहाँ बहुत देर तक रुकना सम्भव नहीं है।

हर बार तालाब की ओर चलते हुए पत्थर तुमसे टकराकर गिर जाते हैं। तुम्हें नहीं मालूम उनकी प्यास को अपने बच्चों के दुख में कैसे पढ़ना है। कुछ आईने तुम्हारे कमरे में शुरू ही से नहीं है।

तुम उन चिड़ियों को नहीं देख सकते जो तुम्हारी गढ़ी हुई छायाओं के बीचोंबीच अपना रास्ता चीरती हुई उड़ने की कोशिश करती हैं।

तुमसे कितनी बार कहा जा चुका है कि हर गीत में एक ही तरह की उदासी भरते चले जाने का अर्थ है कि तुम सुर में नहीं रह पाओगे।

तुमसे कितनी बार कहा जा चुका है कि चींटियों की टूटी बाम्बियों के रुदन में तुम्हारे होने न होने के रुदन से कहीं अधिक ईश्वर बसे हुए हैं।

दो

वह तुम्हारी भाषा की परिचारिका नहीं है—सरकण्डों में से उड़कर आती हुई हवा। तुम्हारे किसी वाक्य में कौआ आकर नहीं बैठता। तुम्हारे शब्दों में उसकी पीठ पर रोशनी नहीं गिरती। तुम्हारे वस्त्र का नीला नीला नहीं है। तुम्हारी बाजरे की बालियाँ हवा में बाजरे की तरह नृत्य नहीं करतीं। तुम्हारे छुए हुए बीज चुप हो रहे हैं। तुम्हारी गढ़ी हुई मूर्तियाँ फिर पत्थरों में बदलने की कोशिश कर रही हैं।

तुम्हारे चलने से यहाँ की मिट्टी गुस्सैल हो गई है।

तीन

काल में मेरे कई ठौर हैं, कई ठिये हैं। पास पहुँचने पर एक भी नहीं। ज़रूर वह थक गया होगा और फूलों पर भी श्रम करते हुए उसे कोई खुशी नहीं मिलती होगी। थक गयी होगी अगर वह मैं हूँ। चिड़ियों में एक अप्रत्याशित पीले को लगाकर भी अब उसका मन नहीं लगता होगा।

वह उस मिट्टी के ढेमे से परे देखती रहती होगी जहाँ से फूल को बन निकलना है।

चार

यकायक जो भी सामने है अन्त में बदल जाता है या फिर आरम्भ में। अन्त और आरम्भ में भेद का मिटना ही श्रेष्ठ अन्त माना जाता है।

ये सभी द्वार काँच के हैं। पार देखते-देखते अपना प्रतिबिम्ब भी दिख सकता है जो एक बार फिर आपको पूरी तरह फाँस सकता है। पार देखते-देखते आप किसी भी क्षण बालों को सँवारने लग सकते हैं। यही आरम्भ है—और प्रतिबिम्ब को ग़ौर से देखने पर पीछे खड़ी एक प्यासी बछिया भी दिखायी देती है।

उस समय आप प्रतिबिम्ब कहकर उसकी प्यास को टाल नहीं सकते जैसे अभी आपने अपने बालों को संवारना टाला नहीं है।

यह हवा नीली है, काले समुद्र पर।

चिड़िया अपने वज़न से भी हल्की है मन में। वे शब्दों को दूर तक पीते हुए रेत पर चलते हैं। आसमान में अक्षरों की तरह क़रीब आते हैं जलपक्षी। इस धरती पर मनुष्य का अँधेरा फैलता है। गेहूँ के दाने चट्टान पर बिखरते हैं। सूर्य चमकने लगता है। हवा बहती है। सड़क के बीचोंबीच एक झाड़ है। बकरियाँ एक प्राचीन औरत के साथ अब भी छिलकों के लिए घूमती हैं।

मैंने कहा था आँख के लिए बस इतना ही काफ़ी है। आज के लिए बस इतना ही अन्त।

खेल के दिन थे, पानी उथला, और नक्षत्रों की शुआएँ वैसी ही नीली थीं। हमारे मृतक फीके हो रहे थे और एक के बाद एक हमारे बदलते हुए घरों में उनका आना हमें सूझता ही नहीं था। यात्राओं में बस्तियों के हरे घरों को अपने रहने के कमरों की तरह देखते हमारी आँखें दुखती थीं। जो पलाश नहीं थे वे और से और सुर्ख़ हमें याद रहने लगे थे। सामने के दरख़्तों में फूलों की आग कभी तेज़ नहीं होती थी।

इतना श्रम होगा प्रेम में हम नहीं जानते थे।

हम अपने परिन्दों का आहार ही तय नहीं कर पाते थे, और इस तरह जैसे किसी कथा में अन्त के दिन गुज़रते रहे।

अब भी गुज़रते हैं, जैसे चिड़ियाँ आख़िरकार दिनों को ही खाने लगी हों। जैसे नीला कहने से ही उन जगहों का आसमान नीला हो जाये, जहाँ हमें जाना है।

यह एक भुतहे क़िस्म का लेखन था जो हमारे पुरखे हमारी उँगलियों में बैठकर करने की कोशिश करते थे। इन पन्नों से खुद को ढाँपकर सोने की इच्छा लिये हम लिखते थे और लिख नहीं पाते थे।

उथले पानियों में भी समय को उफ़नी हुई नदी-सा बरत लेते थे।

इतनी सुबह ही वे बीज कहीं नहीं थे। हमने दुबली उँगलियाँ हिलाते हुए उन्हें बुलाया। घाट की ओर ले जाया जाता हुआ वह जलाऊ मनुष्य अभी कुछ देर पहले तक उन्हें खोज रहा था। हमें समझ नहीं आ रहा था हमारा रोना हमारे कहे में क्यों नहीं था।

गोबर सान रहीं उन साँवली बच्चियों के दाँत सुबह-सुबह बहुत उजले थे। लेकिन उनसे पूछा तो उन्हें भी कुछ नहीं मालूम था।

बिम्बों का आना उसी तरह था जैसे सफ़ेदे के पेड़ों से दिन भर नन्हे कोन बरसते थे। उन्हें कुतरना ज़रूरी था क्योंकि वे धूप में बारिश का भ्रम थे। हमारे प्रेम की जगह वे हर समय गिरते थे।

सुबह से उस सपने से उठ नहीं रहे थे हम जिसमें दर्शकों से भरे एक कक्ष से हमारा हाथ थामे, वे एक टिमटिमाते गलियारे में हमें ले आये थे।

उन वाक्यों में वाक्य अभी नहीं आये थे और वे पंखहीन चिड़ियों की तरह दयनीय थे। उन्हें देखकर पता नहीं चलता था ये वाक्य शुरू हो रहे हैं या ख़त्म। करुणा का रंग नीले के आसपास ही था, *और* किसी जगह टेक नहीं लेता था मन। बची-खुची सृष्टि का व्यापार हम अपने ख़रीदे हुए दानों से चलाने की कोशिश करते। दीवार पर किसी भी क्षण दो टाँगों पर खड़ी गिलहरियाँ भय और फुर्ती से उन्हें कुतर रही होतीं। उन्हें देखकर यकीन नहीं होता था ये कविताएँ अन्त की हैं। कभी-कभी होता था और तब वे हमें रुलाने लगतीं, बेटियों की तरह।

हमारे हिस्से का अन्त बहुत भारी लगता था हमें, जो खुद को अलग रख कुछ भी देख नहीं पाते थे।

हम ख़ला में भी रोने की कोशिश करते हैं। ख़ला में भी कुछ आँसुओं के चिह्न हैं। गिरते हुए सितारों के आँसुओं के चिह्न। उन फ़रिश्तों के, जो पैग़ाम ले जाते हुए अपना रोना रोते हैं ईश्वर से छिपकर। सितारों के बीच उन अँधेरों के आँसू जो सितारों के साथ गिर नहीं जाते हैं। उन आईनों के आँसू जो ख़ालिस हैं, बिना किसी अक्स के, जिनकी शृंगार करती प्रियाएँ आईनों में डूब गई हैं। इस कोशिश के आँसू जो हम करते हैं इस कहानी में और कर नहीं पाते हैं।

यह सुबह का होना है और अपने ही आईने में बिम्बित वे आई हैं खाट पर सोयी बहन को लेने।

हम नहीं मानते कुत्ते उन्हें देखकर रोते हैं।

नहीं मालूम हमें, यात्रा से पहले क्या था उनकी आँखों में चित्र की जगह, क्या शब्द मौन हुए थे मन में। कितना कम निकल आये थे हम, कितने कम रहेंगे।

कितना धीमे-धीमे बढ़ता रहेगा हमारा फीकापन।

वस्त्रों में भी एक सफ़ेद शोर था, सफ़ेद पक्षियों में, सफ़ेद फूलों में। जलकुम्भियाँ अपने घनत्व में तनी थीं पानी की साँस पर। नावों के सफ़ेद पाल नशीले थे हवा में, और तट पर हल्के बुख़ार-सी रेत में लहरों की तरह थककर सोयी थीं मछुआरिनें।

इस तरह उसने अपनी रचनाओं को गिना, वहाँ खजूर के छत्र में बैठे हुए, जैसे तोड़ने से पहले अपनी गुड़ियों को।

वे आते हैं मन में अपने नाम से थके हुए फूलों की तरह।

मैं कई बार उनकी महक से जल के उस ओर गयी हूँ।

इतने ख़ुदाओं, इतने नशीलों के आलिंगन में भी टूट ही जाता था हृदय।

अपने साज़ उठाये वे आते हैं वन में, माओं के सपनों में शान्त हो गये शिशुओं की तरह।

इतना ख़ून बह चुका होता था प्रेम के अन्तहीन भ्रम में, कोई भी घर कभी पूरा नहीं पड़ता था।

इतनी छायाओं से लिपटकर भी अनछुई रहती थी, जैसे देह का अक़्स रही आयी हो देह, जैसे कोई चूक गया हो रचाना इस बिम्ब का, कि इतने क़रीब से भी होना, कभी हो नहीं पाता था।

फिर भी वे बैठ जाते थे वे बर्फ़ रंग के पक्षी, बर्फ़ में बैठ गयी नदी की सतह पर।

अपनी रिसती हुई उँगलियाँ उठाकर कचरे में खड़े मेरे प्रान्त के लोग मुझे पास बुलाते थे ख़्वाब में।

मैं कहीं नहीं जाती थी देह के अग्नि-फूलों से उठकर। अन्धकार इतना था कि ख़्वाब में उड़ते हुए पक्षी टूट जाते थे मेरे काँच पर।

उनका समवेत स्वर, वह रुदन मेरे बस का नहीं था। मेरा रोना, वह एकल स्वर, हर समय सुनता था।

और तब भी मेरे शब्द किसी भी तरह के शब्द नहीं थे अन्त में।

वाक्य

मेज़ के नीचे हमारे पैरों को गलाते हुए वे ऊपर **चढ़ते**, जहाँ कभी-कभी पन्ने होते थे।

होने के सारे विन्यास उन वृक्षों की ओर मुँह फेर लेते जो हमारी स्मृति में लताओं के नीचे अब भी दहकते थे। हम दरख़्तों का नशा करने लगे थे, उन कोमल हवाओं का जो हमारे सोचते ही उनमें बन उठती थीं।

नीली घास में सोये हम नीले आसमान में उड़ते हुए कौओं का नशा करने लगे थे। वे धीमे-धीमे उड़ते थे, हमारे प्रेम की तरह।

जैसे सेमल के दरख़्त से छूटे फाहे सियाह पड़ गए हों।

पृथ्वी–एक

मेरे कई घरों में से वह एक थी, मेरे कई सूर्यों में से एक उसके पास था, इस माह उसे सोलह कविताओं में मेरे पास आना था।

मैंने कई दिन अभाव में जिए थे, कई बाहुल्य में।

वे उन फूलों को दबाकर तेल में बदलते थे, जो फूल सुबह से शाम तक सूर्य को ताकते थे। इस तरह मेरे कई प्रेम छूट गये थे, कई इतने कठिन कि मैं झुककर कीड़ों से पूछती थी।

मैं सच कहूँ तो मोह इतना था कि पीली घास की नोंक तक में शब्द का लावण्य था।

अन्त भी एक शब्द ही था अन्त में।

पृथ्वी–दो

हर जगह बैठकर धीमे-धीमे दिखती है वह, गुलाबों की सुगन्धहीन हवाओं में, इच्छाओं के घनेरे में, विस्मृति के सुदुख में।

कहीं नहीं थी वह, जो मुझमें थी, अग्नि के किसी मत्स्य-बिम्ब की तरह, नीली धूप की नदियों में।

वह रोती थी पत्तों के झरनों में, उन बयारों में जो दरख़्तों के अभाव में बहती हैं।

वह धुएँ के वस्त्रों में, हिसाबी आँखों के कारुण्य में, नदियों के उन ख़्वाबों में रोती थी जिनमें वे नदियों की तरह समुद्र की ओर भागती हैं।

मेरे कीड़ों के नारंगी में आहत है, मेरे गायकों की आवाज़ में उठ नहीं पाती, मेरे चित्रों में चित्र से पहले ही थकती है।

पृथ्वी–तीन

पहाड़ियाँ अपने घरों के साथ डूबती हैं नदी में जहाँ उनके अक़्स हैं।

वे सब अपने अक़्सों की बस्तियों में ही जल-मग्न होंगे। उनका दुख भी कुछ देर अनुगूँज की तरह सुनाई देगा।

पृथ्वी सिर्फ़ एक नदी होगी, ख़ाली नौकाओं के साथ वैसे ही धीमे-धीमे घूमती हुई।

मैली झील में एक सितारा शेष है जो आसमान में नहीं है।